똑똑해지는 숨은 한글 찾기 2권

기획 · 글 도토리창작연구소
그림 공해지

받침과 복모음

이야기가 있는 한글 놀이책으로
재미나게 한글을 익혀요!

이 책으로 6~7세 아이들은 물론 초등학교에 입학해 처음으로
한글을 배우는 8세 아이들이 즐겁게 놀며 한글을 익힐 수 있어요.

『똑똑해지는 숨은한글찾기 재미있는 한글 쓰기』에서는 ㄱ부터 ㅎ까지
자음 14개와 ㅏ부터 ㅣ까지 모음 10개를 순서에 맞게
또박또박 쓰며 한글과 처음 만나요.
『똑똑해지는 숨은한글찾기 1권』에서는 자음과 모음,
여러 가지 낱말들을 재미난 활동을 하며 배웁니다.
『똑똑해지는 숨은한글찾기 2권』에서는 받침과 복모음을 익히며
낱말 학습을 하고 글자를 쓰며 이야기를 읽고 쓸 수 있습니다.

이 책에는 기본 받침 ㄱ, ㄴ, ㄹ, ㅁ, ㅂ, ㅅ, ㅇ과 ㄷ, ㅈ, ㅊ, ㅌ, ㅍ,
그리고 복잡한 받침 ㄲ, ㄵ, ㄶ, ㄺ, ㄼ, ㄶ, ㅄ, ㅆ이 나와요.
또한 쌍자음과 복모음 ㅐ, ㅒ, ㅔ, ㅖ, ㅚ, ㅘ, ㅙ, ㅟ, ㅝ, ㅞ, ㅢ도
공부하게끔 구성되었지요.
분홍 풍선의 이야기를 따라가며 미로찾기, 숨은그림찾기, 숨은받침찾기,
다른그림찾기, 색칠하기, 낱말 퍼즐, 줄긋기, 붙임 딱지 붙이기 등 다양하고
흥미로운 활동을 하는 사이 아이들의 한글 실력이 쑥쑥 자랄 거예요.

차례

ㄱ ①

기역

ㄴ ①

니은

ㄹ ① ② ③

리을

북

산

말

ㅁ ① ② ③

미음

ㅂ ① ③ ② ④

비읍

ㅅ ① ②

시옷

밤

컵

빗

ㅇ ①

이응

공

기본 받침
자음을
색칠해 봐요!

1장

이야기를 읽으며 받침 자음과 놀아요

소원 풍선을 날려요

같은 색 풍선끼리 줄을 그어 이으세요. 그리고 이어진 풍선이 만든
글자를 그림 속에서 찾아 색칠해 보세요.

기본 받침 맛보기

색칠하기

같은그림찾기

오늘은 소원 풍선 날리는 날이에요.
소풍 나온 아이들이 소원을 적은 풍선을 날려요.
알록달록 풍선들이 두둥실 하늘 높이 날아가요.

트럭에서 풍선을 사요

ㄱ받침이 들어간 낱말을 찾아 ○표 하세요.
그림 속에 숨은 ㄱ받침 세 개를 찾아 △표 하세요.

호박

옥수수

수박

트럭

8

나는 분홍 풍선이에요.
내 몸에는 수아의 소원이 적혀 있지요.
"분홍 풍선아, 내 소원 잘 부탁해!"
수아가 끈을 살며시 놓자 몸이 하늘로 떠올랐어요.

동물약국

독수리

낙타

거북

동물원

기린과 판다가 재주를 부려요

두 그림을 비교해 서로 다른 곳을 찾아 모두 ○표 해 보세요.
그리고 그림에 알맞은 낱말 붙임 딱지를 붙이세요.

예 라면

나는 바람을 타고 둥실둥실 온 세상을 여행해요.
재주 부리는 기린도 보고,
둥근 공을 굴리는 판다도 볼만했지요.
"우아, 잘한다. 대단한걸!"

예 만두

비둘기랑 놀아요

비눗방울과 똑같은 그림을 찾아 줄을 그으세요.

얼룩말　　　코알라　　　절구　　　저울　　　비둘기

아이들은 깔깔거리며 비눗방울을 불어요.
나는 비눗방울과 빙글빙글 돌며 춤추어요.
"우아, 재미있겠다!"
비둘기도 날아와 함께 어울려요.

불가사리   나팔   바이올린   플루트   실로폰

구름을 만났어요

구름과 가장 닮은 그림을 찾아 줄을 그으세요.
그리고 그림에 맞는 ㅁ받침 글자 붙임 딱지를 붙이세요.

사 　　고  도치　　 소　　 자리

그때 검은 구름이 몰려왔어요.
하늘은 금세 캄캄해지고 바람이 거세어졌어요.
나는 바람에 밀려 날아가요.
"앗, 구해 줘!"

표 붙임딱지

 붙임딱지 벌즈

 붙임딱지 푸

 붙임딱지 사탕

구급 비행기가 나타났어요

ㅂ받침이 알맞게 들어간 낱말을 따라 길을 찾아가세요.
그림 속에 숨은 ㅂ받침 2개를 찾아 △표 하세요.

출발

삽

상

인술

입술

팝콘

팔콘

컵

김밥

컹

김방

16

나는 겁이 났어요. 그때였어요.
구름 사이에서 구급 비행기가 나타났어요.
꼬리에 나를 매달더니 바람을 헤치고 날아갔지요.
"비행기 아저씨, 고맙습니다."

슈퍼마켓 앞에 떨어졌어요

보기 그림에 알맞은 ㅅ받침 글자 붙임 딱지를 붙이세요.
그런 다음 아래에서 보기 의 그림을 찾아 ○표 하세요.

보기

도 붙임딱지   붙임딱지 발   붙임딱지 자리   로 붙임딱지   버 붙임딱지

18

나는 맛있는 냄새가 솔솔 나는 시장에 내렸어요.
그때였어요.
"앗!"
내 몸에 달린 끈이 고양이 콧수염에 엉켜 버리고 말았어요!

붙임
딱지 솔 　 붙임
딱지 가락 　 붙임
딱지 　 붙임
딱지 걸이 　 붙임
딱지

고양이가 준 선물

ㅇ받침이 알맞게 들어간 낱말을 따라가세요.
고양이는 누구를 만났나요?

곡   공

고약이

빵집

고양이

경찰

가방

은행

사탈

가밧

사탕

창문

슈퍼마켓

참문

출발

20

고양이는 야옹야옹 울며 달리다 수아를 만났어요.
"앗! 할머니, 이건 내 소원 풍선이에요!"
수아는 좋아서 콩콩 뛰었어요.
수아의 소원이 무엇인지 읽어 볼까요?
"할머니, 항상 건강하세요."

문구점

호란나비　　호랑나비　　　　견찰차

경찰차

신호듭

미용실

신호등

풍선　　　풉선

도착

소발차

소방차

누구 그림자일까요?

그림자에 맞는 그림을 찾아 줄을 그으세요.
그리고 흐린 글자를 따라 써 보세요.

복	숭	아

낙	하	산

호	박

학	교

치	약

그림에 맞는 글자를 찾아요

그림을 보고 알맞은 낱말에 ○표 하세요.
그리고 빈칸에 알맞은 글자를 쓰세요.

예

⟨국수⟩ 군수 → | 국 | 수 |

남타 낙타 → | | 타 |

수박 수발 → | 수 | |

거북 거붕 → | 거 | |

트럿 트럭 → | 트 | |

온수수 옥수수 → | | 수 | 수 |

23

그림에 어울리는 글자를 찾아요

ㄴ받침 다시 보기1
색칠하기
한글 쓰기

그림에 맞는 글자 카드를 찾아 흐린 글자를 따라 쓰세요.
그리고 카드의 테두리를 그림 액자 틀과 같은 색으로 칠하세요.

기	린

우	산

눈	사	람

판	다

전체 모습을 찾아요

부분 그림에 맞는 전체 그림을 찾아 줄을 그으세요.
그리고 흐린 글자를 따라 써 보세요.

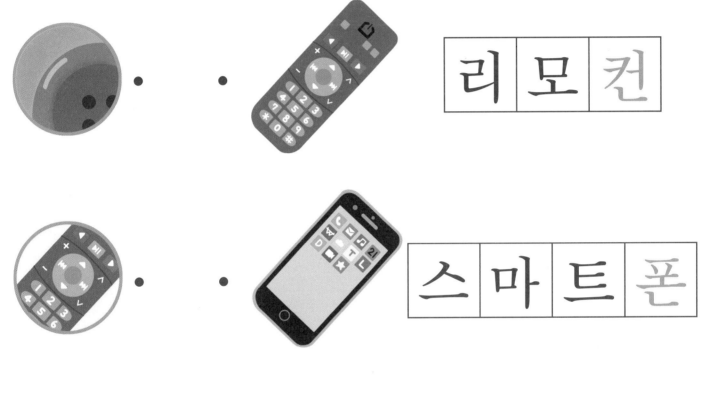

리	모	컨

스	마	트	폰

단	추

치	킨

낱말 퍼즐을 풀어요

각 빈칸에 들어가는 글자를 보기 에서 골라 쓰세요.

보기 늘 달 물 슬

26

다른 종류를 찾아요

흐린 글자를 따라 써 보세요.
그리고 칸마다 다른 종류 하나를 골라 ○표 하세요.

얼	룩	말		말	미	잘		비	올	라

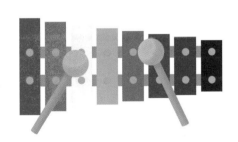  

실	로	폰		돌	고	래		플	루	트

27

알맞은 글자를 줄로 이어요

빈칸에 들어갈 글자를 맨 아래 글자 카드에서 골라 줄을 그어 이으세요.
그런 다음 빈칸에 글자를 써 보세요.

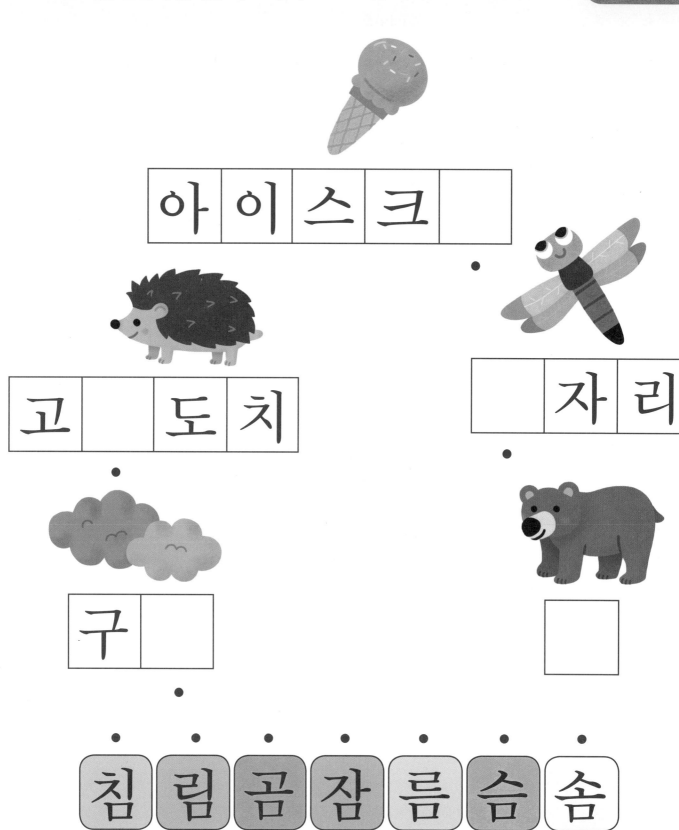

아 이 스 크 □

고 □ 도 치

□ 자 리

구 □

□

침 림 곰 잠 름 슴 솜

알맞은 글자를 써요

보기 의 글자를 보고 빈칸에 맞는 글자를 쓰세요.

보기 금 김 담 람 밤 잠

시		치

바	

재래김

	요

	수	함

29

같은 그림을 찾아요

그림에 맞는 ㅂ받침 글자 붙임 딱지를 붙여 보세요.
그리고 같은 그림을 찾아 ○표 하세요.

구 [붙임 딱지] 차

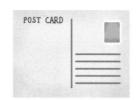

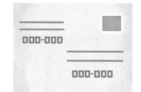

[붙임 딱지] 서

[붙임 딱지]

수 [붙임 딱지]

그림에 맞는 글자를 찾아요

그림을 보고 알맞은 낱말에 O표 하세요.
그리고 빈칸에 알맞은 글자를 쓰세요.

예  섬　(삽) → | 삽 |

 벌집　벌직 → | 벌 |　|

 인술　입술 → |　| 술 |

 손톨　손톱 → | 손 |　|

 낙엿　낙엽 → | 낙 |　|

 마벙사　마법사 → | 마 |　| 사 |

그림을 찾아 색칠해요

빈칸에 흐린 글자를 따라 쓰세요.
그리고 숨은 그림을 찾아 색칠하세요.

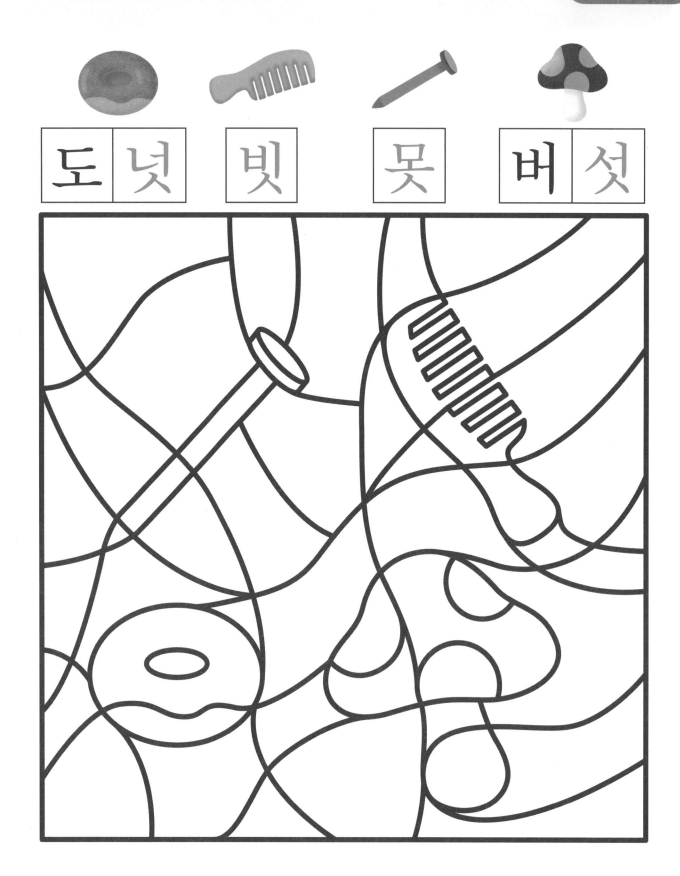

도 넛   빗   못   버 섯

32

알맞은 글자를 써요

보기 의 글자를 보고 빈칸에 맞는 글자를 쓰세요.

보기 깃 밧 섯 촛 칫 핫

	솔

	털

	줄

여	

	불

	도	그

33

전체 모습을 찾아요

부분 그림에 맞는 전체 그림을 찾아 줄을 그으세요.
그리고 흐린 글자를 따라 써 보세요.

 · ·   사 탕

 · ·  양 파

 · ·  호 랑 이

 · ·  축 구 공

34

숨은 그림을 찾아요

흐린 글자를 따라 쓰세요.
그리고 동물들이 어디에 숨어 있는지 찾아보세요.

 병 아 리  강 아 지

 금 붕 어 부 엉 이

나무 위 집에 올라가요

미로를 빠져나가며 그림에 알맞은 글자 붙임 딱지를 붙여 보세요.

기본 받침 다시 보기

미로찾기

붙임 딱지 붙이기

비빔 [붙임 딱지]

[붙임 딱지] 근

[붙임 딱지] 지

사과 [붙임 딱지]

[붙임 딱지] 옷

출발

붙임딱지 **털**

도착 ➡

붙임딱지 **지**

구 붙임딱지

초콜 붙임딱지

붙임딱지 **지**

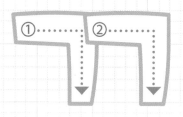

쌍기역

꿈

쌍디귿

똥

쌍비읍

뼈

쌍시옷

씨

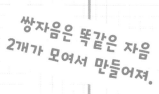

쌍자음은 똑같은 자음
2개가 모여서 만들어져.

짝

쌍지읓

2장
쌍자음과
복잡한
받침을
익혀요

자동차가 씽씽 달려요

그림에 숨어 있는 ㄲ, ㄸ, ㅃ, ㅆ, ㅉ을 찾아 색칠해 보세요.

짜랑짜랑

삐뽀삐뽀!

씽씽!

빵빵빵!

40

쑹~!

뚜뚜뚜뚜뚜!

깡!

끼이익!

빨간 꽃 보러 식물원에 왔어요

그림을 보고 쌍자음이 있는 흐린 글자를 따라 쓰세요.

토끼

꽃

딱따구리

예쁘다 식물원

딸기

42

빵집

토산품 판매

쌀

빵

코 뿔 소

쌍 둥 이

짜 장 면

팔 찌

43

누가누가 빠를까?

미로를 빠져나가며 주운 글자 퍼즐을 모아
도착지에 알맞은 글자를 써 보세요.

보글보글 끓여요

그림을 보고 가장 알맞은 낱말에 ○표 하세요.

가지가

여	덜

여	덟

국이

끓	다

끌	다

책을

일	다

읽	다

양파가

많	다
만	다

고추가

북	다
붉	다

47

공룡 공원에 뭐가 있을까요

그림을 보고 가장 알맞은 낱말 카드를 색칠하세요.

할머니가

| 앉 | 다 |

| 안 | 다 |

꽃을

| 꺾 | 다 | | 꺽 | 다 |

48

핫도그의

| 갓 | 값 |

1개
1,500원

돈이
| 있 | 다 | 잇 | 다 |

돈이
| 없 | 다 |
| 업 | 다 |

49

애

얘

에

예

복모음을
순서대로 따라 쓰고
큰 소리로 읽어 봐요!

외

와

외

위

워

워

의

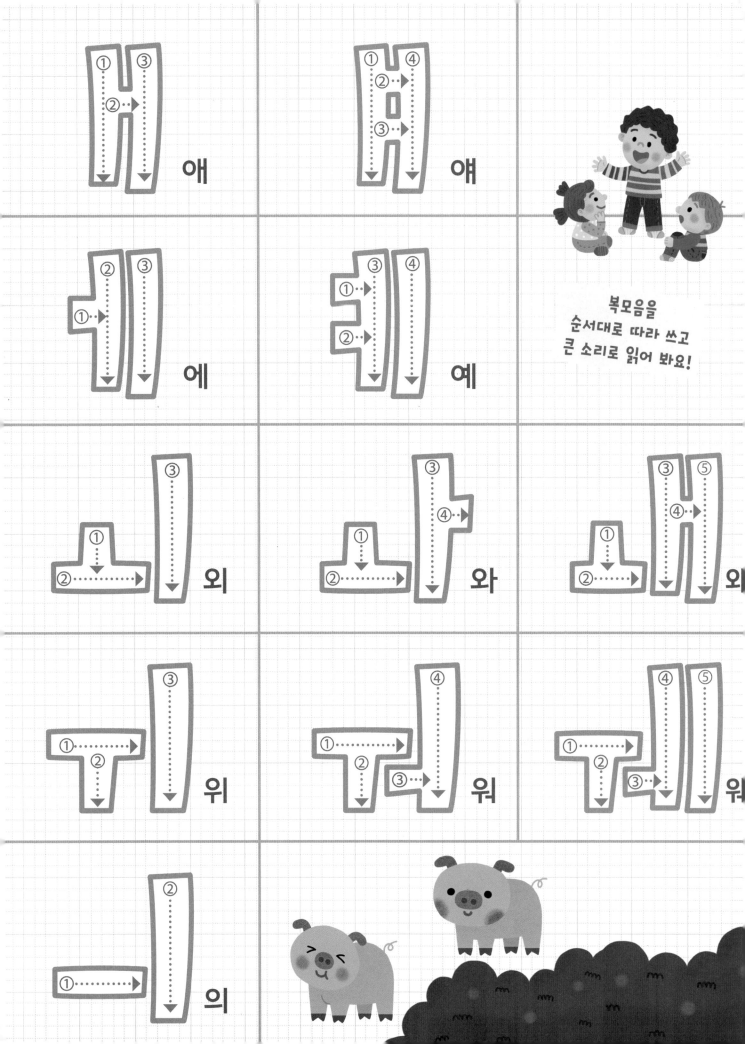

3장
복모음이
있는
문장을
읽고 써요

무엇을 골라 쓸까요?

각 빈칸에 들어가는 글자를 보기 에서 골라 쓰세요.
그리고 그림 속에 숨어 있는 ㅐ, ㅒ 모양을 하나씩 찾아 △표 하세요.

참 □
□ 우

종 □
이 □
□ 구 공

□ 바 라 기
파 □
리

썰 □
□ 미

보기 개 대 래 매 배 새 해 얘

	모	
고		

막		기
	나	
	무	

	구	리
나		
리		

	기	책
기		
꾼		

그림 풍선을 타고 날아요

그림에 맞는 글자 붙임 딱지를 붙이세요.
그리고 열기구마다 똑같이 들어간 글자를 빈칸에 쓰세요.

붙임 딱지 달   붙임 딱지 뚜기

붙임 딱지 모   붙임 딱지 수

붙임 딱지 몬 텔   붙임 딱지 비전

붙임 딱지 이크   붙임 딱지 첩

그 [붙임딱지] [붙임딱지] 모

[붙임딱지] 이프 [붙임딱지] 니스

로 [붙임딱지] 라 [붙임딱지]

집 [붙임딱지] 꽃 [붙임딱지]

계란을 선물해요

계란에 그려진 그림에 맞는 글자 붙임 딱지를 붙이세요.

온도 [붙임 딱지]

[붙임 딱지] 방 주사

[붙임 딱지] 지

[붙임 딱지] 산기

시 [붙임 딱지]

[붙임 딱지] 성

56

다람쥐가 먹이를 찾아가요

빈칸에 들어가야 할 알맞은 글자를 따라가세요.
그리고 빈칸에 그림에 맞는 글자를 쓰세요.

체 온

계

게

단

식 장

예

애

계 게

차

레

래

출발

도착

외국 여행을 떠나요

보기 의 빈칸에 알맞은 글자 붙임 딱지를 붙이세요.
그런 다음 아래에서 보기 의 그림을 찾아보세요.

붙임 딱지 사　　 붙임 딱지 투　　 열 붙임 딱지

 붙임 딱지 물　　 참 붙임 딱지　　 교 붙임 딱지

사과는 맛있어요

그림에서 '과'를 찾아 색칠하고, 흐린 글자를 따라 쓰세요.

| 사 | 과 |

| 과 | 자 |

고　가　구　고

구　구　과

궈　과　과

가　구　과　과　가

고　과　과　과　과

괴　과　과

과　가　과　과　괴

구　과　과　구

과　과

가　과　과　고　가

과　고　구

과　구

고　과　가　고　구

과

구　괴　가　구

화살이 슈웅~

그림에서 '화'를 찾아 색칠하고, 흐린 글자를 따라 쓰세요.

| 화 | 살 |

| 소 | 화 | 기 |

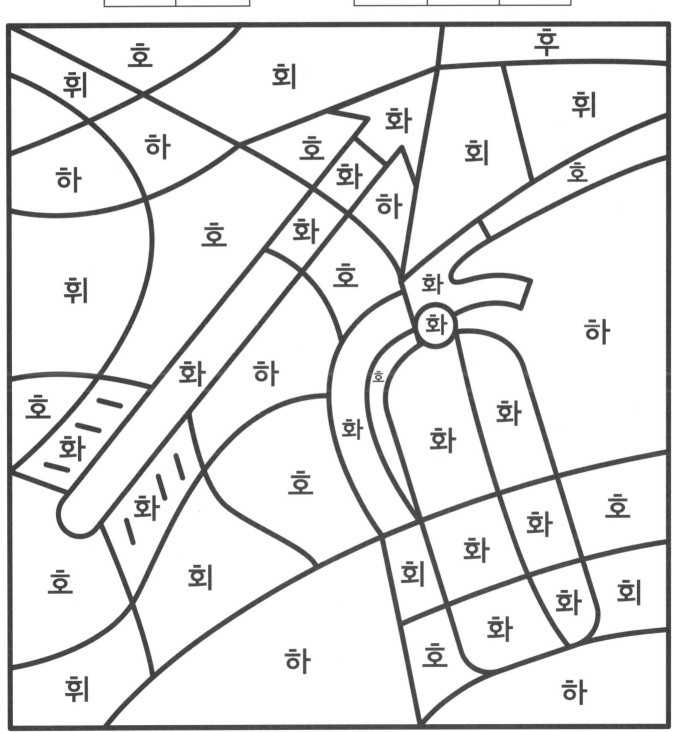

돼지를 찾아 주세요

보기 의 빈칸에 알맞은 글자 붙임 딱지를 붙이고,
똑같은 그림을 찾아 O표 하세요.

새 익히기

같은그림찾기

붙임 딱지 붙이기

보기

붙임 딱지 지

내 그림을 자랑해요

그림에 맞는 글자 붙임 딱지를 붙이고 똑같이 들어간 글자를 쓰세요.

공통으로 들어간

글자는 ☐

붙임 딱지 뚜라미

방 붙임 딱지

당나 붙임 딱지

공통으로 들어간

글자는 ☐

가 붙임 딱지

주사 붙임 딱지

키 붙임 딱지

63

징검다리로 시냇물을 건너요

빈칸에 알맞은 글자 붙임 딱지를 붙이며 시냇물을 건너가 보세요.

거 붙임 딱지

붙임 딱지 파람

바 붙임 딱지

박 붙임 딱지

기저 붙임 딱지

붙임 딱지 김

64

글자 카드를 찾아요

빈칸에 알맞은 글자를 쓰고, 그 글자와 같은 글자 카드를 찾아
줄을 그어 이으세요.

| 병 | |

| 망 | 경 |

| | 총 |

권

원

| 태 | | 도 |

| 숭 | 이 |

| | 투 |

65

내 옷을 찾아 주세요

보기 의 빈칸에 알맞은 글자 붙임 딱지를 붙이고,
똑같은 그림을 찾아 ○표 하세요.

보기

스 [붙임 딱지] 터

병원에 갔어요

보기 의 글자를 보고 빈칸에 맞는 글자를 쓰세요.

보기   늬 의 흰

무 ☐

☐ 곰

☐ 사

☐ 자

뭐든지 팔아요

복모음 다시 보기
한글 쓰기
붙임 딱지 붙이기

흐린 글자를 따라 써 보세요.
그리고 낱말에 맞는 그림 붙임 딱지를 찾아 붙이세요.

괴	물

사	과

당	나	귀

의	자

스	웨	터

가	위

동물나라 음악회

아래 이야기를 큰 소리로 읽어 보세요. 그런 다음 동물들의
그림을 찾아 색칠하고, 동물들의 이름도 써 보세요.

짧은 다리에 허리가 긴 족제비가 둥둥 북을 울려요.
머리가 둥근 문어는 다리 여덟 개로 딩동댕동 실로폰을 쳐요.
바다에서 날아 온 갈매기가 애앵애앵 바이올린을 켜요.
두 뺨에 도토리를 머금은 다람쥐는 챙챙 심벌즈를 치지요.

두 눈이 한쪽으로 몰린 넙치는 지휘봉을 들고 지휘해요.
진돗개는 복슬복슬한 꼬리를 흔들며 트럼펫을 불지요.
세모난 모자를 쓴 오징어는 다리 열 개로 나팔을 불어요.
둥둥, 챙챙, 딩동댕! 동물들의 연주가 어떤가요?

외계인의 결혼식 행진

결혼식에 쓸 물건들의 이름을 따라 미로를 빠져나가 보세요.
그리고 완성된 이야기를 큰 소리로 읽어 보세요.

노란 외계인 신부 파라피리가 결혼을 해요.

"결혼식에선 새하얀  를 입어야 해."

파라피리가 말했어요.

"달콤하고도 끈적한  도 꼭 필요해."

"참, 아삭아삭 새콤달콤한 도 가져가야 해."

결혼식장을 환하게 비춰 줄 을 챙기고

축하 노래를 불러줄  도 데려가요.

웨딩드레스

위딩드레스

포도짐

포도잼

출발

72

"아! 저기 임금님이 사는  같은 결혼식장이 보이네!"
파라피리는 눈부신 옷을 입은 신랑과
행복한 결혼식을 올렸어요.

도착

힌색

흰색

궁궐

궁괄

연외인

연예인

귀일

햇불

횃불

과일

자연과 놀아요

그림 속 빈칸에 알맞은 흉내 내는 말을 보기 에서 골라 쓰세요.
그리고 완성된 이야기를 큰 소리로 읽어 보세요.

매미가 □□ 울어요.

암탉이 □□□
병아리를 불러요.

병아리가 □□□□
대답해요.

오리가 □□ 소리쳐요.

74

깡충깡충 꼬꼬댁 삐악삐악 주렁주렁
꽥꽥 맴맴 살랑살랑 쨍쨍 훨훨

햇볕이 ⬜⬜ 비쳐요.

토끼가

⬜⬜⬜⬜

뛰어요.

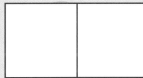

나비가 ⬜⬜ 날아요.

포도가 ⬜⬜⬜⬜ 열렸어요.

정답

6 - 7쪽

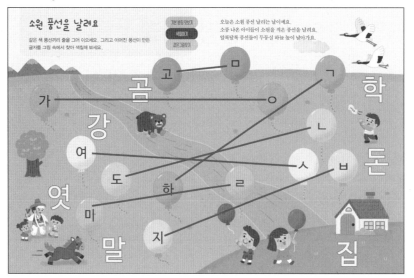

8 - 9쪽

10 - 11쪽

12 - 13쪽

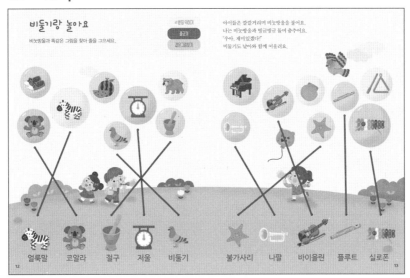

14 - 15쪽

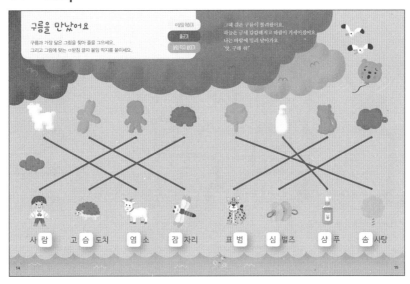

16 -17쪽

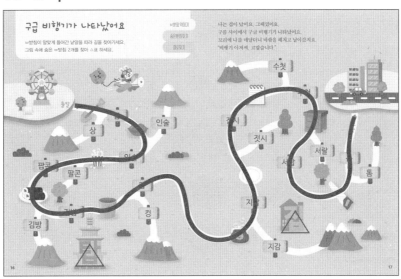

18 -19쪽

22쪽

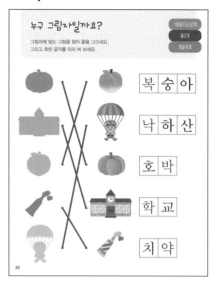

20 - 21쪽

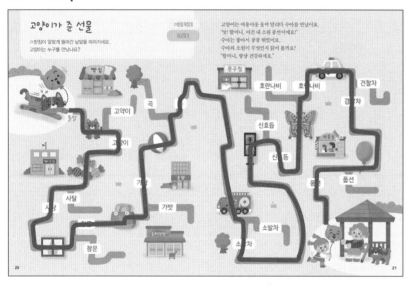

23쪽

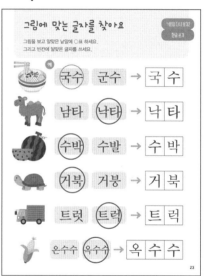

24쪽

25쪽

26쪽

27쪽

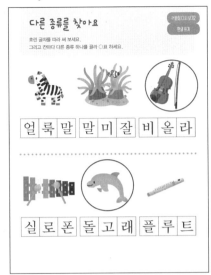

28쪽

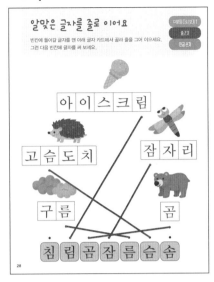

29쪽

30쪽

31쪽

32쪽

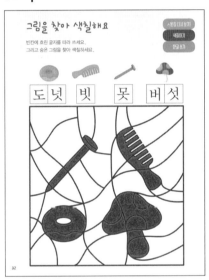

33쪽

34쪽

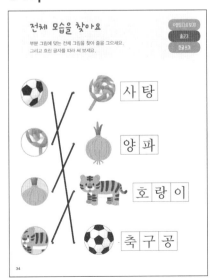

35쪽

36 - 37쪽

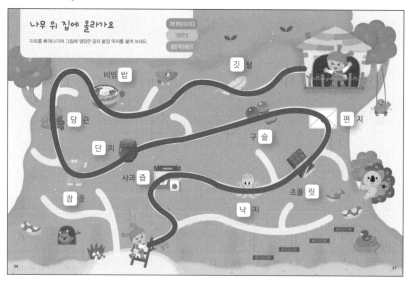

40 - 41쪽

42 - 43쪽

44 - 45쪽

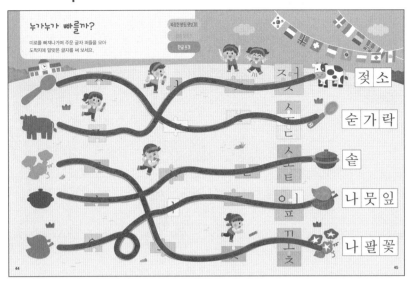

46 - 47쪽

48 - 49쪽

52 - 53쪽

56쪽

54 - 55쪽

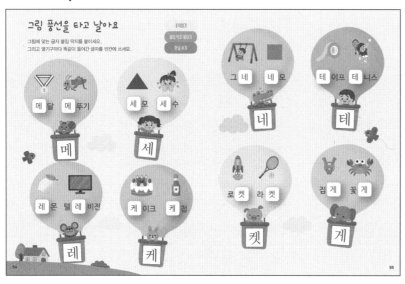

57쪽

58 - 59쪽

60쪽

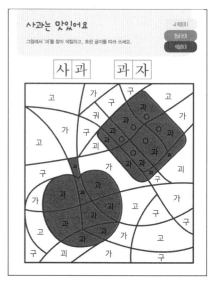

61쪽

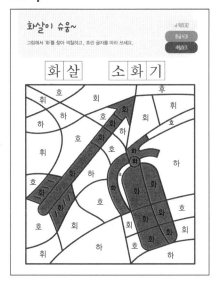

62쪽

63쪽

64쪽

65쪽

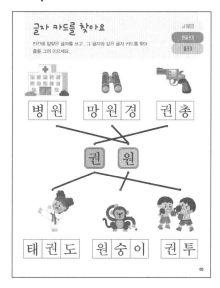

66쪽

67쪽

68 - 69쪽

70 - 71쪽

72 - 73쪽

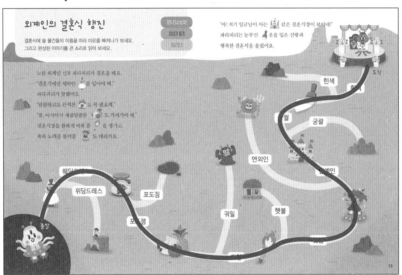

74 - 75쪽

10-11쪽

군인   눈사람   리본

반지   우산   자전거

14-15쪽

람   범   샴   솜

승   심   염   잠

18-19쪽

깃   넛   돗   못   봇

빗   섯   옷   젓   칫

30쪽

급   엽   첩   탑

36-37쪽

깃   낙   단   당   릿

밥   슬   잠   즙   편

54-55쪽

게   게   네   네   레

레   메   메   세   세

케   케   켓   켓   테

테

56쪽

계   계   계

예   폐   혜

59쪽

괴   쇠   외   외   회   회

62-63쪽

귀   귀   귀   돼   위   위   위

숨은한글찾기 2권

귀　위　쥐　퀴　튀　휘　　웨